Für all jene, die lachten, als ich schrieb.
Für all jene, die sprachen, als ich schwieg.
Für all jene, die staunten, als ich sprach.

Zakaria Ouchni

Instagram: ourworldofthoughts

Wenn Tränen sprechen könnten

Eine Sammlung von zusammenhängenden Kurzgeschichten

Bibliografische Information der Deutschen Nationalbibliothek:

Die Deutsche Nationalbibliothek verzeichnet diese Publikation in der Deutschen Nationalbibliografie; detaillierte bibliografische Daten sind im Internet über http://dnb.dnb.de abrufbar.

Herstellung und Verlag: BoD – Books on Demand, Norderstedt

ISBN: 978-3-7481-9035-6

Inhaltsverzeichnis

Vorwort.. 6

Kapitel 1: Das Morgengrauen........................... 8

Mein Fenster 8

Der Spaziergang................................. 13

Das Café 17

Der Doktor 23

Kapitel 2: Die gleißende Sonne...................... 29

Die Rose 29

Die Gabelung 37

Der Apfel... 42

Das Haus 47

Kapitel 3: Die bittere Nacht 55

Der Wald.. 55

Die Weide 63

Der Besuch....................................... 71

Vorwort

Goethe, Schiller und so viele andere Schreiber/Denker, die die heutige Literatur geprägt haben. Viele der heutigen Gesellschaft taten sich ihrer an, ob gewollt oder erzwungen. Die erste Konfrontation fand meist in der Schule statt. Eine schwere Sprache, komplexe Reime, rhetorische Mittel und so viele andere Dinge. Lange hat es gedauert, bis man endlich auf den Geschmack der Literatur kam. Ich beschäftigte mich immer öfter und intensiver mit der höheren Literatur und fand mich nahezu magisch von ihr angezogen. Die Inspiration und somit auch die Vision, eigene Werke zu erstellen, ließ somit nicht allzu lang auf sich warten. Ich fing mit kleineren Texten, zu den verschiedensten Thematiken an. Motivationen für die Leser, herzzerreißende Kurzgeschichten, vieles war bei mir vertreten. Doch auch damit war ich nicht zufrieden, ein größeres Projekt musste her. Hiermit beschloss ich, ein Buch zu verfassen und meine Leser Teil an meinem ersten Werken haben zu lassen. Dieses Werk soll jedem Leser, auch dich miteinbezogen die Gefühle vermitteln, welche ich beim Schreiben dieser Texte empfand. Zudem ist es meine Absicht, Probleme wie eine Existenzkrise, Trauer um einen geliebten Menschen und vor allem Frust im Allgemeinen zu thematisieren. Ziel dieses Werkes soll es sein, den Menschen, die ähnliche Probleme durchleben einen Leitfaden zu zeigen. Man soll sich im Folgenden in meine Gedankenwelt einfinden und das Geschriebene nachempfinden können.

Kapitel 1: Das Morgengrauen

Mein Fenster

Es schien wohl ein recht normaler Tag zu sein. Die Sonne war bereits aufgegangen und sie strahlte in ungewöhnlicher Pracht auf mein Gesicht. Ich hatte vergessen die Gardinen am Abend zu schließen, weshalb ich nun aus dem Schlaf erwachte. Es war ein kalter Herbst, kälter als er die letzten Jahre war. Ich drehte mich nach links zu meinem Fenster. Mein Blick streifte zuerst über meinen freigelegten Arm vorbei. Hierauf traf er meinen Schrank, er war jetzt schon recht alt und dennoch sah man es ihm nicht wirklich an. Nun erreichte mein Blick endlich das Fenster. Es war das einzige in meinem Zimmer und dennoch war es groß genug den Raum mit Licht zu durchfluten. Ich konnte von meinem Bett aus nicht allzu viel sehen, nur der ein und derselbe Baum, der nun kahl und dunkel geworden war. Er schwang hin und her und dennoch traf er nicht einmal das Fenster. Komisch, ich erwartete ein kratzendes

Geräusch an der Hauswand, doch schien es so, als würde er sich davor fürchten das Fenster zu berühren. Ich zog meine Decke weg und entschied mich dazu, mich aufzusetzen, sodass ich vielleicht mehr erblicken konnte. Mein Sichtfeld vergrößerte sich nicht wirklich. Ich verweilte einen Moment, doch schien es so, als wären gar Minuten verstrichen. Ich drehte meine Beine links aus dem Bett heraus und mein Blick fixierte sich weiterhin auf den hin und her schwingenden Baum. Ich erhob mich und ging auf mein Fenster zu. Ich hatte eine recht große Fensterbank, auf der ich oft sehr gerne saß. Auf ihr stützte ich meine Arme ab und nutzte nun die Gelegenheit, einen Blick nach draußen zu wagen. Ich betrachtete wie immer zuerst den Himmel. Heute erstreckte sich ein Wolkentor über den gesamten Himmel. In der ferne brachen durch einige Risse in den Wolken Säulen aus grellem Licht hindurch und erleuchteten kleine Grünflächen einer Wiese, auf denen schon lange keine Blumen mehr blühten. Früher ging ich gerne dort entlang, es spielten Kinder auf der Wiese und manche aßen dort auf kleinen Decken, die in allen erdenklichen Farben zu sehen waren. Andere saßen an einem Baum und lasen ein Buch. Ich hingegen betrachtete nur das Geschehen von der ein und derselben, morschen Parkbank, an der ich immer kurz rastete, bevor ich meinen begonnenen Spaziergang fortsetzte. Die Wiese ist dieselbe geblieben, nur ist alles dort trostlos und leer. Keiner wagt sich mehr raus, um der Natur nahe zu sein, sie scheinen es mir wohl nur gleich zu tun. Doch schweift mein Blick nun über die nahegelegenen Straßen. Sie sind gänzlich leer, doch sehe ich in meinem Augenwinkel jemanden vorbeigehen. Eine weitere Lichtsäule bricht aus dem Himmel heraus und fällt nieder auf den kalten, nassen Boden. Ich schaue nach rechts und sehe eine Person im langsamen Gang durch die gerade hervorgegangene Lichtsäule gehen. Für einen Moment schien die Zeit wie stehengeblieben, denn auf eine seltsame Art und Weise betrachtete ich sie in einer vollkommenen Trance. Sie trug einen roten Wollmantel und ihr Gang war sowohl voller Bescheidenheit und dennoch voller Grazie. Sie stach zwischen den Bäumen, die links und rechts parallel in einer Straße, links von meinem Haus aus gesehen angereiht waren so stark hervor, sodass mir warm ums Herz wurde. Für einen Moment verspürte ich den Drang nach ihr zu rufen, ihr nachzulaufen. Doch mit ihrem Verschwinden über einem Hügel – der in das Herz der Stadt führte – zu meiner Rechten verschwand auch die Lichtsäule mit ihr und der Himmel verdunkelte sich wie an allen vorherigen Tagen, da das einzige Wolkentor, welches sich seit Monaten nicht öffnete, nun erneut wohl für immer geschlossen war. Mit einem Mal verspüre ich die beißende Kälte, wie sie mich übermannt und ich kehre meinem Fenster mit einer krampfhaften Drehung den Rücken zu und wagte einen Schritt in Richtung Tür. Mit jedem Schritt schien ich mich mehr und mehr von meiner Glückseligkeit zu entfernen. Ich öffnete die Tür, die mir nur einen dunklen Korridor offenbarte. Ich drehe mich ein letztes Mal zu meinem Fenster und just in dem Moment weht der kalte Herbstwind durch den brüchigen Baum und seine dürren Äste fuhren an der gesamten oberen Hauswand entlang und letztlich auch an meinem Fenster vorbei. Alles was dieser Moment hinterließ war ein kratzendes Geräusch, welches die ewige Stille in meinem Kopf durchbrach. An diesen Moment sollte ich mich wohl noch lange erinnern, an einem Ort, der mir doch so bekannt war, meinem Fenster.

Der Spaziergang

Es war längst hell geworden als ich aus dem Schlaf erwachte. Mittlerweile war ich alleine zu Hause und beschloss letztlich ebenfalls ziellos das Haus zu verlassen. Nahezu taub und benommen begab ich mich aus dem Bad in den dunklen Korridor, den wir doch so gerne „Flur" zu nennen pflegten. Die Stufen hörten sich beim noch recht in Ordnung an, dennoch war ein leichtes Knarren zu hören. Um zu frühstücken ging ich in die Küche und nahm mir heute nur einige Früchte, die ich in gedanklicher Abwesenheit langsam aufaß. Hierauf stand ich auf und ging aus der Küche heraus in den Flur, der zur Eingangstür führte. Eine reflexartige Bewegung in Richtung des Kleiderhakens später befand sich meine Jacke in meiner rechten Hand. Ich zog sie an, denn besonders hier bei uns zogen ins Tal kalte Winde zur Herbstzeit vorbei. Ein weiterer Griff und hierauf zog ich mir feste Schuhe an. Mir fiel nämlich auf, besonders die Feldwege waren uneben geworden und meine Füße sollten nicht vom letzten Regen nass werden. Ich verließ mein zu Hause und kehrte der weißen, brüchigen Wand den

Rücken zu und wagte es keineswegs zurückzublicken. Unentschlossen ging ich durch meinen Vorgarten und beachtete nicht das umher wuchernde Unkraut. Angekommen an dem kleinen, rostigen Tor öffnete ich es und ein schriller Ton klagte aus ihm heraus. Ich versuchte es mit zugekniffenen Augen zu ignorieren und schloss es hinter mir. Hierauf bog ich nach links ab und machte mich auf dem Weg, einen Ort zu besuchen, der wohl für immer eine große Bedeutung für mich haben sollte. Meine Blicke küssten sanft den nassen mit Steinen gefliesten Weg und zählten unbewusst die vorbeiziehenden Fliesen. Nach einiger Zeit bemerkte ich gar nicht mehr, wie weit ich gegangen war. Als ich einen Blick nach oben wagte, bemerkte ich, ich war bei der verlassenen Grünfläche angekommen. Um sie zu erreichen, überquerte ich die Straße und ging in den Park. Ein Feldweg umringte sie und auf der anderen Seite führten zwei Wege in ein benachbartes Waldstück. Ich folgte dem Weg nach rechts und dachte mittlerweile an all die Dinge, die hier geschahen. Eine morsche Parkbank zog rechts an mir vorbei. Ich erinnerte mich daran, wie oft ich hier saß und die warmen

Sommertage genoss. Mit jedem Schritt kam es mir vor, als würde ich meinen alten Fußspuren folgen. Ich spürte, wie mein Herz für den Bruchteil einer Sekunde aufhörte zu schlagen. Denn ich erinnerte mich im ersten Viertel dieses Wegs auch an sie. Ich sah nach rechts und alles was ich mir vorstellte, war das Geräusch ihrer Schritte, welche gleichauf neben mir hergingen. Ich erinnerte mich an die unzählbar vielen Worte ihrerseits, ich erinnerte mich an ihre sanfte Stimme und ihr bescheidenes Kichern, welches mein Herz zum Beben brachte. Ich erinnerte mich an so viele Dinge und mit einem kalten Windstoß aus ihrer Richtung kam ich wieder zu mir und sah nur noch nassen Kies und einige Pfützen, unter denen meine übers Gesicht rennenden Tränen ihren Platz fanden. Ich wand mich ab von meiner Rechten und blickte recht langsam nach links von meinem Pfad. Mittlerweile erreichte ich die Hälfte des Weges und stand dem Eingang gegenüber. Ich sah in die Ferne und für einen Moment trübte sich mein Blick. Ich fuhr mir mit einer Hand über die Augen und sah sie schon wieder. Der rote Mantel wehte diesmal im Wind. Ich stand ihr gegenüber und doch erkannte ich kaum ihr

Gesicht. Ich stand starr da und sie tat es mir gleich. Ihr scharlachroter Mantel lag diesmal offen. Er offenbarte ihren grauen Schal, ein schwarzes Gewand und eine Silbern glänzende Kette. Ich erkannte sie, da ich sie ihr einst gab und nun durch winzige Sonnenstrahlen voll mit Hoffnung den Stein in ihrem Anhänger in einem grellen Weiß zum Leuchten brachte. Binnen von Sekunden wehte ein weiterer Windstoß, sie gab mir nur dasselbe herzzerreißende Lächeln, wie sie es immer zu tun pflegte. Der Wind wirbelte einen Haufen goldbrauner Blätter auf und kurz bevor die Sicht blockiert wurde, drehte sie sich um und zog eine Seite ihres Mantels zeitgleich in dieselbe Richtung. Er zog eine eiserne Wand zwischen mir und ihr und hierauf flogen hunderte von Blättern an meinem Gesicht vorbei. Alles, was sie mir hinterließ, war letzten Endes nur ein nasser, unebener Feldweg.

Das Café

Ich entsinne mich, es war der letzte Sommer gewesen. Die Wärme war angenehm und es wehte eine leicht kühle Brise über die Stadt. Viele waren in den Urlaub geflogen, doch entschied ich mich hier bei ihr zu bleiben. Es war, als würden wir ein gemeinsames Leben führen. Tagsüber unternahmen wir vieles zusammen, während wir die Nacht miteinander am Telefon sprachen und den klaren Sternenhimmel beobachteten und dieselben Sternschnuppen zählten. Doch erinnere ich mich ganz besonders an einen bestimmten Tag. Der Himmel, er war gänzlich blau gefärbt. Es war keine einzige Wolke zu sehen und die Sonne stand am Zenit, also war es Mittag gewesen. Wir verabredeten uns, wie an jedem Tage dieses Sommers zu einem Treffen und ich wusste, wie sehr sie es mochte zu Fuß zu gehen. Also machte ich mich fertig und trug das ganz bestimmte Parfum auf, welches sie doch so liebte. Ich verließ, geistesabwesend mein zu Hause, denn alles woran ich dachte, war letztlich nur sie und all das, was sie mir Neues zu erzählen hätte und welche Blicke sie mir wohl zuwerfen würde.

Voller Vorfreude ging ich wie jeden Tag dieselben Straßen entlang. Ich wusste mittlerweile die Route zu ihr auswendig, so oft wie ich sie zu nutzte, ging ich sie schon nahezu mechanisch und routiniert. Von meinem zu Hause aus bog ich stets rechts ab und folgte der Straße den Hügel hinauf. Vorbei an dem alten Friseur aus meiner Kindheit und denselben Supermärkten, die sich seit Jahren nie zu verändern wagten. Doch schien mir an jenem Tage alles gleichgültig. Es war auf den ersten Blick ein recht normaler Tag, doch hatte ich augenscheinlich die Gewissheit, es würde heute etwas ganz Besonderes werden. Die Straße führte einen Hügel hinauf und hinter diesem Hügel würde ich sie auf der anderen Seite sehen. Ich näherte mich der Spitze des Hügels und mit jedem Schritt bildete sich eine gewohnte und zugleich angenehme Vorstellung vor meinen Augen. Ich dachte an unseren gemeinsamen Platz in dem Café hinten rechts in einer leicht beleuchteten Ecke. Ich bestellte mir wie immer einen ganz normalen Cappuccino und ihr den ein und denselben Eisbecher, den sie nie komplett aufessen konnte. Kaum war ich am Hochpunkt des Hügels angekommen, sah ich sie schon, wie sie mir entgegenkam. Unsere Blicke trafen sich im selben Moment und sie entgegnete mir mit dem ersten Lächeln und einem euphorischen Winken. Ich hob ebenfalls meine rechte Hand, doch verwandelte sich die mir vorliegende Welt mit einem Blinzeln in eine graue, dunkle Welt. Ich riss meine Augen auf, dort wo du gerade noch standest, wehte ein beißender Wind einen Haufen Laub über die Landstraße und in der Ferne rissen gewaltige Blitze den Himmel entzwei. Ich schloss erneut meine Augen und sämtliche apokalyptische Geräusche waren mit einem Schlag fort. Meine Augenlider öffneten sich erneut und sie stand mittlerweile vor mir. Sie fragte mich voller Freude und mit einem strahlenden Lächeln: „Was ist denn los mit dir?", ich antwortete recht perplex nur: „Oh, nichts, ich war nur kurz abwesend." Ich hatte mittlerweile meine Hand runtergenommen und nach dieser etwas ungewöhnlichen und besorgniserregenden Begrüßung gingen wir los. Ich versuchte die vorher über mich eingebrochenen Gedanken loszuwerden und ließ mir dabei nichts anmerken. Stattdessen genoss ich die Zeit mit ihr und recht schnell erreichten wir das Café. Es war ziemlich voll doch komischerweise blieb unsere gewohnte Ecke frei. Ich ließ ihr den Vortritt und wir saßen uns beide nach dem Betreten des Lokals hin. Wie auch an allen anderen Tagen bestellte ich uns das übliche. Die Kellnerin kannte uns mittlerweile, deshalb wusste sie, was wir bestellen würden. Wir sprachen und verwickelten uns gegenseitig in einem endlosen Gespräch. Sie zeigte mir Dinge auf ihrem Handy und wir lachten über die simpelsten Sachen. Mittlerweile schien ich wohl sämtliches grauen und alles Schlechte in meinem Kopf vergessen zu haben. Ich fühlte mich durch das strahlende Licht, welches sie ständig ausstrahlte reingewaschen. Ihr Lächeln vertrieb sämtliche Dunkelheit und so erging es auch mir in ihrer Gegenwart. Unsere Bestellung war mittlerweile angekommen und wir rührten sie nicht ein einziges Mal an, denn wir genossen jeden einzelnen Augenblick miteinander. Sie wurde mit einem Mal ganz still und ich wagte es nicht zu ihr aufzusehen. Doch dann spürte ihre warme und zärtliche Hand an meiner linken Wange vorbeistreifen und sie hob meinen Kopf ganz sanft mit ihrem Daumen auf ihre Augenhöhe. Ihr Blick drang in mein innerstes vor und dass, obwohl sie mich nur recht normal mit ihren glänzenden, nussbraunen Augen ansah. Sie hatte ein leichtes Lächeln auf den Lippen und plötzlich verstummte alles um uns herum. Die mit den Mitarbeitern schimpfende Kellnerin, wie auch alle anderen Kunden waren einer Grabesstille verfallen. Auch sie bewegte ihre Lippen und ich wusste, sie sagte etwas von einer enormen Bedeutung und doch hörte ich keinen Ton. Ich blinzelte für einen kurzen Augenblick und erneut geschah es, das gesamte Café war leer. Eine neue Kellnerin stand hinter dem Tresen und vor mir war nur ein unbesetzter alter Stuhl. Hinter dem Stuhl konnte man gerade durch die Glasscheibe am Eingang hindurchschauen. Es war erneut stürmisch geworden, Zeitungen flogen an der verschmutzten Scheibe vorbei und die Straße erhellte, wenn ein Blitz in der Ferne einschlug. Ich schloss meine Augen hoffnungsvoll doch das Grollen des Sturmes hörte nicht auf. Ich öffnete meine Augen und sah hinab auf den Tisch. Mein Herz zitterte mit einem Mal stärker denn je, denn alles was ich vor mir sah, war ein ganz normaler Cappuccino und den üblichen

Eisbecher, den sie nie zu Ende aufaß. Nur waren beide gänzlich unberührt.

Der Doktor

Ein weiterer, trostloser Tag in dieser abgelegenen Kleinstadt war angebrochen. Ich bemerkte, es waren nicht genügend Lebensmittel da, als ich mich nach unten begab, um mir mein Frühstück anzurichten. Es war ohnehin nicht viel denn ich aß seit jenem Tag ohnehin so gut wie nichts mehr. Ein wenig Brot, ein Glas Milch und ein paar Früchte, besonders Äpfel aß ich gern. Ich zog mir eine Jacke über und behielt meine Hausschuhe an, weit war es ja nicht bis zum Händler. Ich öffnete mit der alten Klinke die Haustür und ich sah wie jeden Tag dieselbe unbefahrene Landstraße und ein ungepflegter Acker. Die meisten Bewohner waren schon längst gegangen. Jeder hier erlitt einen ganz bestimmten Verlust. Mir kam es mittlerweile so vor, als läge ein nicht endender Fluch über dieser Stadt. Trotz der Umstände hatte jeder der noch verbliebenen Einwohner die Hoffnung, es würde eines Tages jemand kommen, der Erlösung mit sich bringen würde. Ich dachte schon seit langem nicht mehr so, ich gab es auf, seitdem ich meinen Tribut an diese verwesende Stadt abgab. Seit jenem Tag sehen die Menschen mir nicht einmal mehr in die Augen. Ich bin mir nicht ganz sicher, aber es schien, als hätte ich den größten aller Verluste erlitten. Ich dachte nicht allzu oft darüber nach, der Gedanke plagte mich mittlerweile zu sehr als, dass ich die nötige Zeit dafür aufopfern könnte. Ich schüttelte kurz meinen Kopf um wieder klar sehen zu können und ging in meinen Vorgarten. Wie jeden Tag dachte ich mir: „Ich sollte mal wieder das ganze Unkraut hier entfernen. Na gut, später kümmere ich mich darum, diesmal aber wirklich!". Ich öffnete das rostige Tor des Zauns, welches einen nervtötenden schrillen Ton von sich gab. Ich fuhr normalerweise mit dem Auto, doch wagte ich seit jenem Tage nie mehr in der Nähe eines Autos auch nur zu stehen. Wenn ich auch nur die Farbe meines alten Autos sah, blickte ich manchmal zurück in die Vergangenheit. Jedenfalls bog ich nach rechts ab, ausgehend vom Tor. Ich ging einige Minuten den Bürgersteig bergauf, bis ich wieder an Häusern vorbeiging. Mittlerweile sah ich einige Bewohner, nur waren es – wie ich schon sagte – nicht mehr viele. Ich wuchs hier auf, somit kannten mich alle. Meine Familie verließ vor einigen Monaten diese Stadt und sie fuhren bis in die nächste, größere Stadt wo sie nun lebten. Ich weigerte mich mitzugehen, denn ich wusste schon damals, etwas würde mich zwingen hierzubleiben, zumindest vorübergehend. Es war wie ein fester Griff des Schicksals, welcher uns beide in seinen Fängen gefangen hielt. Nur, dass ich die Last, mit der sie mich zurückließ zu tragen hatte. Ich war mittlerweile schon fast angelangt, doch traf ich jemanden, dessen Gesicht sich seit diesem verfluchten Abend in mein Gedächtnis eingebrannt hatte. Es war der Mensch, der ihr Leben in seinen Händen trug und er wusste ganz genau, er beging damals einen fatalen Fehler. Einen Fehler, der ihr Leben als Opfer forderte. Es war der Doktor, dem ich damals vertraute. Unsere Blicke trafen sich, mein innerstes brodelte und drohte auseinanderzufallen. Er hingegen schaute nur mit seiner schwarzen Ledertasche reumütig auf den Boden, als er mich sah. Ich blieb stehen und sah, wie meine Hände vor unerträglichem Zorn schmerzerfüllt anfingen zu zittern. Ein Stechen, tief in meiner Brust ließ mich meine Augen krampfhaft schließen. Ich ballte meine Hände zu Fäusten und in meinem Kopf spielte sich das gesamte Geschehen dieses einen, klaren Sommerabends ab. Ich sehe es so klar vor mir, ich fuhr mit meinem Cabrio – es war ein roter Alfa Romeo Spider – einer wundervoll orange-roten Sonne, die den Himmel mit ihren Farben anmalte entgegen. Kühle Winde wehten mir ins Gesicht, es schien ein perfekter Abend zu sein. Ein schwarzes Bild erscheint vor meinen Augen und ich finde mich mit ausgeschaltetem Motor vor ihrer Haustür wieder. Ich sehe, wie sie ein letztes Mal diese Haustür verlässt und auf mich zugeht. Sie trug ein wunderschönes, weißes Sommerkleid mit einem modischen, braunen Gürtel. Schüchtern zupfte sie an ihrem Kleid und schaute mit einem Lächeln verlegen zum Boden. Sie sah aus, wie der hellste Stern am Himmel, der nur auf die Erde in Menschenform kam, um sein Licht in mein Herz scheinen zu lassen. Ich hörte schon damals, wie die Sterne der fernen Nacht anfingen sie mit einem flüstern zu bewundern. Ich stieg aus, um ihr die Tür zu öffnen und sie ging langsam aber dennoch entschlossen auf mich zu. Ein weiteres Mal breitet sich ein pechschwarzer Schleier vor meinen Augen aus und ich finde mich mitten auf der Fahrt wieder. Ich schaute nach rechts und sah sie, wie sie lachend ihre Arme hob, um den Fahrtwind zwischen ihren Fingern zu spüren. Ich blickte erneut auf die Straße und ein letztes Mal, wird mir schwarz vor Augen. Ich lausche in die Stille und ein lautes Quietschen, gefolgt von einem krachenden Zusammenprall der, alles Gute in dem Herzen eines Menschen vertreiben würde durchflutete meinen gesamten Körper. Ich sehe wieder etwas, meine Hände zitternd, voller Blut und sie auf meinen Armen. Ich trug sie in die Stadt, sie atmete sehr kurz und schnappend. Ein hoher Ton kam bei jedem Atemzug aus ihr heraus und wie gelähmt bat ich sie immer und immer wieder mit einer ruhigen Stimmte langsamer zu atmen. Ich wusste, sie wollte mir etwas dringendes Sagen doch verbot ich es ihr zu sprechen. Sie schaute mich mit ihrem durchdringenden Blick an, hob ihre rechte Hand und legte sie auf meine rechte Wange. Wir waren vor der Tür des Doktors angekommen, ich schaute sie an und sah ein sanftes Lächeln auf ihren Lippen. Ihre Augenlider wurden immer schwerer und ihre Hand rutschte langsam von meinem Gesicht hinunter. Ich schrie den Namen des Doktors, bis mein Hals so sehr schmerzte, dass meine Stimme versagte. Nach einiger Zeit öffnete er die Tür und ich rannte mit ihr im Arm in seine Praxis. Er sagte mir, ich solle draußen warten und im Wartezimmer ging ich auf und ab, packte mir an den Kopf und sah meine mit ihrem Blut verschmierten Hände an. Irgendwann nach vielen Stunden kam der Doktor wieder aus dem Behandlungszimmer heraus. Er, genau wie ich waren bleich im Gesicht geworden. Er sah mich lange mit Tränen in den Augen an und schüttelte mit bebenden Lippen den Kopf. Ich öffnete wieder meine Augen, meine Hände lösten sich wieder aus der Haltung und ich sah, er war mittlerweile weggegangen. Mir war jeglicher Appetit vergangen, ich kehrte wieder um und ging wieder zurück nach Hause, wo ich mich wohl für den Rest meines Lebens als Gefangener meiner selbst ansehen sollte.

Kapitel 2: Die gleißende Sonne

Die Rose

Einer der mit großem Abstand schlimmsten Tage meines Lebens war angebrochen. Die Sonne ging diesmal nicht auf, ich wartete nämlich die gesamte Nacht sehnlichst auf sie. Ich saß nur da, auf meiner Fensterbank und wartete. Doch mir war nun klar, sie wollte heute nicht scheinen. Sie versteckte sich vor dem Übel, das heute über uns einbrechen wollte. Es war einerseits recht ungewöhnlich und doch verständlich. Auch ich wollte mich doch so gerne vor dem heutigen Tage verstecken, aber ich wusste, sie wollte, dass ich zu ihr komme. Auch sie wollte Abschied von mir nehmen. Ich hatte noch immer das schmutzige, weiße Hemd und die zerrissene Hose vom dunkelsten Tag an. Ich stand auf, meine Beine waren mittlerweile eingeschlafen und schmerzten. Wieso war es diesmal sogar ein Kampf zu ihr zu gehen? Sie hielt mich die gesamte Nacht wach doch, wie kam es, dass mein Herz den schwarzen Mantel über mir anflehte zu vergehen? Ich stand vor meinem Schrank, suchte mir in einer Art Trance einige Sachen aus und zog sie heraus. Sie waren pechschwarz, genau wie es ihr Kleid wohl sein sollte. Ich zog sie an und ging mit schweren Schritten und gesenktem Blick hinaus. Es war windstill und kein Vogel sang, wie sie doch sonst immer im Sommer taten. Die Stadt wirkte noch ruhiger, noch trostloser als sie es sonst war. Ich verließ den Vorhof und öffnete das quietschende Tor. Diesmal bog ich leider, so schwer es mir auch fiel nach links ab. Fernab der Stadt befand sich der Friedhof, vorbei an einem Wald und einer großen Weide mit einer Mühle in der Ferne. Es war ein schöner Ort, ich ging oft sehr gerne dorthin, doch heute war es anders. Schritt um Schritt ging ich die Straße hinab. Nach einiger Zeit zog ein kalter Wind von hinten und fuhr mir über den Nacken. Ich drehte mein Kopf nach rechts und sah wie ein länglicher, schwarzer Wagen mit Blutroten Vorhängen an den hinteren Fenstern an mir vorbeifuhr. Ich sah weg, denn der Anblick schmerzte so sehr, dass mir alles in meinem Brustkorb taub zu werden schien. Ich wandte meinen Blick von ihr ab und ging weiter dem nicht endenden Weg entlang. Es waren in gleichmäßigen Abständen Bäume auf beiden Straßenseiten eingepflanzt, somit schien der Weg umso länger. Irgendwann, ich weiß nicht mehr wie lange ich gelaufen war, sah ich links von mir eine kleine Grasfläche. Sie war ungepflegt und das Gras wuchs über die Zeit unkontrolliert. Mein Blick glitt über die Fläche und inmitten des Unkrauts und der ungewöhnlich großen Grashalme befand sich ein aus der Waldfläche herausragender Rosenstrauch, der mit roten Rosen übersät war. Doch an ihm war eine einsame, weiße Rose. Ich war verwundert und blieb mit einem skeptischen Blick stehen. Instinktiv ging ich auf sie zu und beachtete gar nicht die vom Morgentau nass gewordenen Halme. Die Blüten der roten Rosen wandten sich von ihr ab und blühten in alle anderen Richtungen voller Neid und Narzissmus. Ich sah zu ihr herauf und griff nach ihr mit meinem Zeige- und Mittelfinger, wie als würde ich ein Weinglas halten. Ich roch an ihr und hierauf griff meine rechte Hand nach ihrem Stängel. Sie stach mich an vielen Stellen meiner Hand und doch löste ich meinen Griff nicht. Stattdessen fixierte ich meine andere

Hand am Ende des Stängels und brach sie ab. In der ferne klagte eine verliebte Nachtigall und flog über die Lichtung hinweg in Richtung des Friedhofs. Die Rose löste sich schnell und ohne sich zu wehren. Von meiner geballten Hand tropften in einem ungeregelten Sekundenabstand kleine Tropfen Blut herunter. Es störte mich nicht wirklich, also hielt ich sie weiter fest in meiner Hand. Ich kehrte auf den Bürgersteig zurück und setzte meinen Weg fort. Ich erreichte die große Weide zu meiner Linken und sah in der Ferne über dem Horizont eine große, dunkelgraue Wolke in einem raschen Tempo auf unsere Stadt zurasen. Ich spürte eine warme Brise in meinem Gesicht und wusste, dass dies nur die Ruhe vor dem Sturm war. Ich drehte mich weg und überquerte die Straße um den Friedhof zu betreten. Das Auto von vorhin hinterließ auf dem Schotter eine Spur, somit war mir bewusst, dass sie es tatsächlich war. Ich folgte der Spur und gelang irgendwann an einer großen Eiche, die am Fuße eines Hügels stand. Ich lehnte mich an ihr an und sah den Hügel hinauf. Ich sah ihre Eltern und ein paar Bekannte um ein ausgehobenes Grab stehen. Ich sah neben den im Kreisstehenden Menschen einen hölzernen Sarg. Mir wurde plötzlich schlecht und mein Augenlicht verblasste für einen Moment. In einer Art Trance sah ich das gestrige Geschehen vor meinen Augen ablaufen, Tränen rannten mir übers Gesicht und ich fing an um mich herum wieder alles erkennen zu können. Ich hob meine derweil auf dem Boden gerichteten Augen und spürte im selben Moment eine dünne und kalte Handfläche auf meiner rechten Wange. Ich sah ihre Mutter weinend und dennoch mit einem Lächeln auf ihren Lippen vor mir stehen. Ich hielt die Rose in meiner rechten Hand mittlerweile so, dass die Blüte in Richtung Boden zeigte und mein Blut über die weiße Oberfläche floss. Sie griff meine linke Hand mit ihren beiden und sagte zu mir mit bebender Stimme: „Komm bitte, du weißt, sie wollte, dass du hierherkommst." Sie zog mich mit sich den Weg nach oben und ich folgte ihren Schritten still. Mein Blick wandte sich nicht vom Boden, bis wir am Grab ankamen. Ich spürte die Blicke, die auf mich gerichtet waren, doch scherte ich mich nicht drum. Die Tränen in meinen Augen erschwerten es mir mittlerweile ohnehin außerhalb meines Tunnelblicks etwas zu erkennen. Nach einem längeren Schweigen ließ man sie in ihr Grab und mit jedem Zentimeter, mit dem sie sich dem Boden ihres Grabs näherte, weinte mein Herz lauter und immer lauter. Die Nachtigall klagte auch weiterhin auf einem Grabstein ganz in der Nähe. Als ihr Sarg den kalten Erdboden erreichte schwiegen alle still. Einige schluchzten, ich war unter diesen einigen. Ich wusste nicht ganz, was ich tun sollte, also wartete ich ab. Nach nur wenigen Sekunden traten die Eltern hervor, sahen hinab auf ihren Sarg und ließen jeweils eine Rose hinabfallen. Es waren herkömmliche, rote Rosen. Nachdem die Eltern zurückgetreten waren, sahen mich alle an. Ich blickte zum ersten Mal in die Runde und wusste, sie wollten, dass ich nun als nächstes herantreten sollte. Meine Tränen flossen nach wie vor in Strömen über mein Gesicht. Ich trat an das Grab heran und aus ihm strömte eine wohltuende Wärme, in der ich mich geborgen fühlte heraus. Ich fühlte ihre Gegenwart so stark und hoffte ein letztes Mal ihre Stimme, ihr Lächeln, ihren verlegenen Blick im weißen Kleid zu sehen. Ich sah hinab, während meine Tränen auf den Sarg tropften und hob meine rechte Hand. Sie offenbarte eine nun rot gewordene Rosenblüte. Die Stacheln hatten sich so tief in meine Hand gebohrt, dass ich mehr Kraft aufwenden musste, um die Rose aus meinem Griff zu lösen. Meine Hand befand sich direkt über der Mitte des Grabs und nach einiger Zeit löste sich mein Griff immer weiter. Mein Herz weinte lauter und die Nachtigall klagte lauter denn je. Die Rose fiel aus meiner Hand und einige Tropfen meines Blutes noch dazu. Sie landete auf Höhe ihres Brustkorbes. Der Aufprall der Rose auf ihrem Sarg hinterließ ein dumpfes, hölzernes Geräusch, welches die Stille und das Schluchzen einiger Anwesenden durchbrach. So schien es zumindest und ich fror in meiner eingenommenen Position stehen, in der ich mich selbst für eine nicht greifbare Zeitspanne überließ. Die Mutter trat wieder heran und umarmte mich. Sie flüsterte mir ins Ohr: „Denke bitte nicht, du wärst hieran schuld, es war ein Unfall, das weißt du!". Ich antwortete ihr mit einer schwachen, fast schon verstummten Stimme: „Nein, mittlerweile bin ich mir über nichts mehr gewiss." Sie löste mit einem schockierten Blick ihren Griff und ich zog mich wieder schweigend an die Eiche zurück. Dort wartete ich, bis alle gegangen waren und das Gewitter über mich hereinbrach. Hierauf ging ich wieder hoch zu ihr und saß bis tief in die Nacht am Fuße ihres Grabes. Irgendwann – kurz vor Morgengrauen – fand ich mich in meinem Zimmer wieder, die Anziehsachen noch an, obwohl sie nass vom Regen waren. Ich saß wieder auf der Fensterbank und beobachtete den Nachthimmel. Ob die Sterne wohl Tränen jener Engel sind, die aus Trauer um uns weinten?

Die Gabelung

Der Frühling war angebrochen und ich kostete jeden einzelnen Tag gänzlich aus. Die Sonne schenkte uns ein warmes Lächeln, welches nahezu jeden in der Stadt dazu animierte rauszugehen. So zog es auch mich nach draußen um meinen neuen, routinierten Spaziergang im nahegelegenen Wald nachzugehen. Ein einfaches Shirt, eine Jeans und leichte Schuhe genügten um bei dem Wetter rauszugehen. Ich öffnete die Haustür und die eine warme Brise und das grelle Lächeln der Sonne erwarteten mich schon sehnlichst. Ich blieb für einen Moment an der Türschwelle stehen und schloss für einen Moment meine Augen. Ich dachte einfach an nichts, ich genoss jede Sekunde in der ich diese wohltuende Wärme in meinem Gesicht spürte. Es war einfach ein perfekter Tag. Ich ging durch den Vorgarten und sah abwechselnd nach rechts und nach links. Die Blumen, die meine Mutter so gerne pflegte, blühten in den schönsten Farben. Bienen und Hummeln summten fröhlich um mich herum und ließen sich auf manchen Blumen nieder. Einige Amseln und Kohlmeisen flogen zwitschernd über meinem Kopf hinüber zu einer nahegelegenen Baumkrone. Ich folgte ihnen mit meinen Blicken für einen Moment bevor ich auf das kleine, frisch lackierte Tor zuging. Mit Leichtigkeit ließ sich es sich öffnen, als hätte es in dem Moment einen eigenen Willen bekommen und hätte sich nur für mich geöffnet. Ich bog nach links ab und beobachtete die all die Passanten, die an mir vorbeigingen. Sie lächelten mich an und ich erwiderte natürliche ihre Geste. Viele kannten mich, da die Einwohnerzahl schon immer nicht allzu hoch war. Deswegen kam es tatsächlich auch oft zu einigen, kurzen Gesprächen. Ich entsinne mich an die Art, wie ich ging und an meine Blicke, wie sie niemals den Boden berührten. Stattdessen sah ich jedem, der mir entgegenkam in die Augen und lächelte jeden von ihnen strahlend an. Die kleinen Erdflächen aus denen die Bäume auf der langen Straße wuchsen, waren mit Osterglocken übersät und die Sonnenstrahlen, die von keiner Wolke gestört wurden, trafen die Osterglocken, reflektierten das grelle Licht und erleuchteten die emporragenden Bäume in einem gelblich schimmernden Licht. Ich ging unter den Baumkronen hindurch und bog schon ziemlich früh rechts ab auf einen trockenen Feldweg. Kinder kreuzten lachend meinen Weg und rannten einem kleinen, roten Ball hinterher.

Familien, Freunde, Pärchen saßen unter sich auf kleinen Picknickdecken und genossen ebenfalls in vollsten Zügen diesen einen Tag. Weitere Vögel und Schmetterlinge flogen in kurzen Sätzen zu ihren angestrebten Zielen. Es war keinesfalls Laut, eher harmonisch und angenehm. Die Wiese, umringt vom Feldweg war nahezu überfüllt mit bunten Decken und kleinen Gruppen von fröhlichen Menschen. Ich fing meine gewohnte Runde an und spazierte vor mich hin. Einige Kinder pflückten neben den herausragenden Wurzeln der nahegelegenen Bäume Pusteblumen. Einige von ihnen blieben dort stehen und pusteten die Samen der Blume durch die Luft. Die anderen hingegen hielten sie fest und liefen wahllos in irgendwelche Richtungen. Durch das Rennen lösten sich die Samen von den Blumen und flogen durch die ankommende Brise in meine Richtung. Ich ging durch eine graue Wolke aus glänzenden, umherfliegenden Samen, die mir etwas ins Ohr flüsterten. Ich konnte nicht ganz verstehen, was sie versuchten mir mitzuteilen, doch ich fand das Rauschen des Windes in den Bäumen und das Flüstern wohltuender als alles, was dieses Jahr passierte. Nun, viel war ja nicht geschehen, wir hatten ja erst Frühling und viele Monate waren bislang nicht vergangen. Ich ging weiter und folgte einem Pfad in den Wald neben der Wiese. Die Sonnenstrahlen formten Säulen durch einige Lücken in den Baumkronen und erleuchteten kleine, wie große Flecken des Feldwegs. Die Vögel zwitscherten hoch oben in den Bäumen und ihr Gesang hallte durch den gesamten Wald. Ich atmete einige Male tief ein und wieder aus, denn alles an diesem Tag wirkte beruhigend und wohltuend. Nach einiger Zeit kam ich aus einer Abzweigung einer Gabelung heraus. Ich blickte nach links zum anderen Pfad und blieb mit einem Mal erschrocken stehen. Mir stockte der Atem, denn zum ersten Mal in meinem Leben sah ich jemanden, in den ich mich sofort zu verlieben schien. Sie trug ein beiges Sommerkleid und sie stand am Ende ihrer Abzweigung, genau wie ich. Sie sah mich nicht sofort, aber als sie es tat, öffneten sich ihre Augen etwas weiter und sie offenbarte mir ein leichtes Lächeln. Perplex erwiderte ich ihr Lächeln und sie kicherte für einen kurzen Moment und schaute schüchtern zum Boden. Sie rieb ihren rechten Schuh auf der Stelle in einer halbkreisförmigen Bewegung auf dem Boden und hielt sich beide Hände hinter ihrem Rücken. Die Sonne strahlte heller denn je und man sah, wie ihre Nussbraunen Augen leuchteten. Unsicher und dennoch entschlossen ging ich auf sie zu und sprach sie an. Sie antwortete mir und jedes ihrer Worte ließ mein Herz schneller schlagen. Sie sah mich an und mein Herz brach nahezu aus meiner Brust heraus. Mir kam es so vor, als hätte der Schein ihres Herzens meinen Leib und meine Seele gänzlich reingewaschen. Sahen wir uns für einen Moment in die Augen, füllte sich die Luft um uns herum mit Energie und wie in einer Blase befanden wir uns in unserer eigenen Welt. Mein teuerstes Gut, mein liebstes Licht, meine größte Liebe, nachdem sich mein Herz doch so lange nach ihr gesehnt hatte, sie war nun endlich angekommen. Wir gingen noch einige Zeit zusammen um die Wiese herum und sprachen ununterbrochen. Der Umriss eines unverwüstlichen Bands formte sich mit jedem Satzfaden zwischen unseren Herzen und nähte sie schmerzlos zusammen. Die Sonne schien mit einer unvorstellbaren Helligkeit in unsere Rücken, doch sie antwortete mit dem Schein ihres Herzens und der gesamte Park erleuchtete in dem grellsten Licht, das mir jemals untergekommen war. Alles fing hier an, an einer einfachen Gabelung.

Der Apfel

Es war einer der seltenen Tage angebrochen, an denen ich mich danach sehnte, den Tag in meinem Bett verstreichen zu lassen. Nach einem mageren und viel zu verspäteten Frühstück begab ich mich die morschen und knarrenden Holzstufen hinauf in den dunklen Flur. Ich sah mich kurz um und entdeckte einige Spinnenweben und Stellen an den Wänden, an denen sich die Tapete langsam löste. Gleichgültig wandte ich meinen Blick davon ab und taumelte leicht benommen in mein Zimmer. Ich ging an einigen Türen vorbei, die in die Zimmer meiner Eltern und Geschwister führten. Doch da sie vor nicht allzu langer Zeit – so glaube ich es zumindest – fortgingen, war auch dieses Haus heruntergekommen, wie alles andere in dieser Stadt am Rande der Welt. In meinen Gedanken abwesend schlug ich die Tür hinter mir zu, ging hinüber zu einem Holzregal an der rechten Wand und nahm ein verstaubtes Buch heraus. Ich hatte die Angewohnheit, nur wenige Bücher zu lesen. Doch die, die ich las, las ich häufig. Ich setzte mich aufs Bett, vergrub meine Beine unter der Decke und begann zu lesen. Die Gardinen waren schon zugezogen, somit war es recht dunkel in meinem Zimmer.

Einige Sonnenstrahlen versuchten dennoch mich sanft zu grüßen. Genervt verdrehte ich meine Augen und richtete meinen Blick wieder aufs Buch. Ich las und hörte für eine viel zu lange Zeit nicht auf zu lesen. Das viele Lesen ermüdete mich jedoch und ich schlief angelehnt am Kopf meines Betts ein. Ich erwachte in einem Traum, ich wusste es, denn ich fand mich über den Wolken wieder. Doch etwas war anders, ich konnte meinen Traum kontrollieren und das verunsicherte mich sehr. Doch meine nächste Sorge war, dass ich zu fallen begann. Panisch versuchte ich trotz des lauten Windes in meinen Ohren Ruhe in meinem Kopf einkehren zu lassen. Mit einem Mal stellte ich mir vor, fliegen zu können und wie durch ein Wunder begann ich in der Luft stehen zu bleiben, als wäre die Zeit ebenfalls stehen geblieben. Der Wind war keineswegs mehr laut, ganz im Gegenteil, er war zu einer ruhigen Brise geworden. Der Ausblick war atemberaubend. Zugvögel flogen unter mir vorbei, in der Ferne fuhr ein winziges Auto einsam über eine Landstraße und sonst erstreckte sich nichts anderes als eine riesige Grünfläche mit Hügeln übersät unter meinen Füßen. Doch genoss ich diesen Anblick nur kurz, denn noch immer wohnte in mir diese gewaltige Angst davor wieder zu stürzen, also flog ich geradewegs nach unten zu dem Fuße eines Hügels. Ich sah den Hügel hinauf und mir viel ein ungewöhnlich großer Apfelbaum auf, der sich auf der Spitze des Hügels befand. Was ich als Nächstes bemerkte war das hohe Gras um mich herum. Es zog sich hinauf bis zu dem Baum und irgendetwas zwang mich dazu, durch dieses Gras zu gehen. Langsam bahnte ich mir den Weg zu der Spitze des Hügels hinauf und nach einigen Minuten war ich oben angekommen. Der Baum war von der Nähe betrachtet viel größer. Seine Wurzeln waren sehr dick über die Jahre – oder sogar Jahrhunderte – geworden, denn sie zogen sich auch über die Oberfläche. Verwundert und vielmehr erstaunt fragte ich mich, ob der Apfelbaum diesen Hügel und sein innerstes zusammenhielt. Ob er der tragende Bestandteil dieses Hügels war? Ich sah hinauf zu den einzelnen Ästen und sah einen einzigen, blutroten Apfel. Ich bin mir nicht sicher, wieso dort nur einer hing, doch ich wusste, dieser eine Apfel war einzig und allein für mich bestimmt. Ungewöhnlicherweise zitterte er etwas an dem Ast. Ich dachte wieder fest daran zu fliegen und ich spürte, wie meine Füße sich langsam vom Erdboden hoben. Ich fühlte mich immer leichter und schwebte hinauf, bis ich auf Augenhöhe mit dem Apfel war. Auch der Apfel sah sein Vorbild in dem Baum, denn auch er war viel zu groß für einen gewöhnlichen Apfel. Das Zittern des Apfels wurde immer stärker, je mehr sich meine Hand ihm näherte. Meine Hand berührte ihn und ich versuchte ihn zu greifen. Er war deutlich größer als meine Hand, umso fester musste ich ihn halten und den Stiel vom Ast abdrehen, um ihn von dort zu lösen. Der Himmel verdunkelte sich mit einem Mal und jeder der Sonnenstrahlen erstickte jämmerlich in dem Meer aus brüllenden Wolken. Ich drehte, wie berauscht den Stiel ab und plötzlich bebte der Baum und schüttelte alle Blätter von sich, bis er gänzlich kahl geworden war. Langsam kehrte ich wieder zum Boden zurück und ein kalter Wind wehte alle auf dem Boden gefallenen Blätter in einem großen Wirbel um mich herum. Ich führte meine rechte Hand mit dem Apfel zu meinem Mund und setzte meine Zähne oben und unten an ihm an. Als ich zubiss brach ein Riss neben mir in den Hügel. Ich biss stärker zu, bis sich ein Stück des Apfels löste. Doch durch diesen Biss, brach der Riss den Hügel unter meinen Füßen entzwei und er öffnete sich mit einem tiefen Grollen. Da mir der Boden unter den Füßen geraubt wurde, fiel ich in den endlos tiefen und dunklen Riss. Ich fiel, bis auch mich die Dunkelheit vollständig verschlang und ich wachte mit schnappendem Atem und aufgerissenen Augen auf. Ich sah mich panisch in meinem Zimmer um und beruhigte mich nach einiger Zeit, als mein Atem sich ebenfalls beruhigt hatte. Auch mein Herz war am Rasen, was mir unzählige Schweißperlen übers Gesicht trieb. Ich sah das Buch noch aufgeschlagen in meiner Hand auf meinem Schoss liegen. Ich nahm mir vor, nie wieder an einem Tag nur zu Hause zu verweilen. Die Sonnenstrahlen der Nachmittagssonne warteten noch immer sehnlichst darauf, dass ich sie rein lassen würde. Stattdessen stand ich auf und begab mich zuerst in mein Badezimmer und dann an meinen Kleiderschrank um mich anzuziehen, damit ich nach draußen gehen konnte. Es war heute wieder an der Zeit, spazieren zu gehen. Die kalte Luft würde mir wohl vielleicht guttun. Ich frage mich wirklich, ob es tatsächlich irgendwo auf dieser Welt solch einen Hügel gibt. Werde ich vielleicht sogar irgendwann mal die Möglichkeit haben ihn zu finden, wenn er denn existiert?

Das Haus

Kaltes Wasser, welches ich mir nahezu ins Gesicht schlug, ließ mich wieder zur wahren Realität zurückkehren. Ich war im Badezimmer aus meinem Trancezustand erwacht. Ich sah mich im Spiegel an und beobachtete, wie die Tropfen von meiner Stirn seitlich an meinen Wangen herunter, bis hin zu meinem Kinn liefen. Sie verweilten an meinem Kinn bis sie sich dazu entschieden, ins Waschbecken zu fallen. Ich beobachtete mich weiter und versuchte jedes noch so kleine Detail zu erfassen. Wie oft stellte ich mir die Frage: „Wer war ich eigentlich geworden?". Ich sah dunkle Augenringe von den unzähligen Nächten, die ich auf meiner Fensterbank verbrachte und über so vieles nachdachte, über so vieles philosophierte und nie mal zu einem Ergebnis kommen mochte. Ich sah mein tiefschwarzes Haar und wie die Sonnenstrahlen in mein dunkles Zimmer brachen, so stachen auch etliche grauen Haare aus dem Meer schwarzer Haare heraus. Beide Hände nutzte ich, um mich am Rand des Waschbeckens abzustützen. Nach einigen tiefen Atemzügen verließ ich das Badezimmer und bog rechts ab um den Flur bis zur Treppe zu folgen. Ich ging der Treppe langsam hinunter und nahm meine Jacke vom Haken und zog meine Schuhe aus dem Regal. Beides zog ich mir an und legte die Hand an den Türknauf. Mein Herz bebte, denn heute war der Tag gekommen, an dem ich ihren Ruf folgen sollte. Ihre Mutter hinterließ mir einen Brief und einen Schlüssel für ihr Haus bevor sie mit dem Rest ihrer Familie aus dem Haus auszog. Sie sprach davon, sie hätte es gewollt, dass ich sehe, was sie für mich empfand und dass ich dort anfangen soll zu suchen, wo sie die meiste Zeit verbrachte. Ihr Zimmer blieb selbst nach ihrem Tod noch unberührt, deswegen sollte ich dort danach suchen, was den brennenden Durst meines Herzens endlich zu stillen vermochte. Ich öffnete die Tür und statt den Sonnenstrahlen, die ich wie damals erwartete, grüßten mich die Regenwolken mit düsteren Blicken und Tränen in ihren Gesichtern. Also griff ich nach rechts nach einem alten Regenschirm und verließ erst dann das Haus. Es ist schwer zu erklären, denn auf eine beängstigende Art und Weise fühlte sich jeder Schritt, den ich setzte schwerer und schwerer an. Ich öffnete das rostige Tor und schlug es unvorsichtig hinter mir zu. Ich hatte jetzt schon kein Gefühl mehr in meinen Händen. Ich bog auch jetzt nach rechts ab, um der Straße bergauf zu folgen. Auch heute wehte der Wind heulend durch diese verarmte Geisterstadt und ihre engen Gassen. Keiner der üblichen Bewohner war zu sehen. Ich folgte der Straße, ging an den gewohnten Läden vorbei und erst nach etlichen Minuten erreichte ich den Teil des Hügels, auf dem ich wie jeden Tag ihr Haus in der Ferne erkennen konnte. Ich ging also schweren Herzens mit dem peitschenden Winden im Rücken die Straße hinab und wagte nicht einen einzigen Blick in die Richtung ihres Hauses. Es lag auf der rechten Seite einer Landstraße und war ein recht kleines Einfamilienhaus. Dennoch sah es zu jeder Zeit schön aus. Besonders im Sommer. Meine Beine fühlten sich mittlerweile nahezu taub an, mit jedem weiteren Schritt, den ich wagte näherte ich mich im Gedanken nur einem Zusammenbruch. Nach gefühlten Stunden sah ich im Augenwinkel zu meiner rechten den weißen Holzzaun und ich wusste, ich war nun angekommen. Ich blieb vor dem Holztor stehen und dreht mich langsam und beängstigt zur Seite, sodass ich direkt vor dem Haus stand. Ich zog den Regenschirm über meinen Kopf weg und ich trennte meinen Blick mit dem Boden und sah das Haus an. Ich blinzelte einige Male und ein aufblitzendes Bild mit blauem Himmel, zwitschernden Vögeln und blühenden Blumen erschien mir vor meinen Augen. Ein weiterer Augenblick verging und die Realität kehrte erneut zu mir zurück. Nun öffnete ich das Tor und meine Hand wurde ganz warm und ich spürte mit jedem Finger ganz deutlich, was ich eigentlich zu greifen versuchte. Ganz behutsam öffnete und schloss ich das Tor hinter mir. Ihr Vorgarten schien zwar ungepflegt, doch ging von ihm dennoch eine Ordnung aus. Es war, wie als wäre es gewollt gewesen. Ich erreichte die Ziegelrote Holztür und nahm den Schlüssel aus meiner Hosentasche. Ich setzte ihn an das Schlüsselloch an, doch fing meine Hand an zu sehr zu zittern. Meine andere Hand kam ihr zur Hilfe, nachdem ich den Regenschirm fallen ließ und beruhigte sie, indem sie am Handgelenk fixiert wurde. Nachdem ich beunruhigt die Tür geöffnet hatte, kam mir eine Flut aus einladender Wärme entgegen, trotz der Dunkelheit, die das Innere des Hauses füllte. Ich betrat es langsam und zog meine Schuhe und meine Jacke aus, meinen Regenschirm ließ ich vor der Tür liegen. Ich wollte gar nicht erst die Ruhe in diesem Haus stören, ich wusste, dass sich ihr Zimmer im Dachgeschoss befand, also ging ich die Treppen hinauf. Als ich einige Stufen hinaufstieg, sah ich links in meinem Augenwinkel ein leeres

Wohnzimmer und eine dunkle Küche. Ich ignorierte den Anblick und ging weiter die Treppe hoch. In der ersten Etage schienen ein Badezimmer und zwei weitere Zimmer zu sein, vermutlich war eines das Schlafzimmer der Eltern. Auch hier schaute ich gleichgültig weg und beobachtete den Verlauf der Treppen. Ich setzte erneut an die Stufen hinaufzugehen und sah am Ende eine dunkle Tür. Mein innerstes fühlte immer stärker, dass die Quelle der Wärme aus diesem Zimmer hervorging, je näher ich ihr kam. Meine Hand umfasst die Türklinke und ich dachte darüber nach, dass sie einst so oft diese Klinke berührte. Ich öffne die Tür und eine weitere, noch viel stärkere Flut von Wärme durchdrang meinen Körper. Ich sah mich um und erblickte ihre bescheidene Einrichtung. Sie liebte es simpel zu leben und schmückte ihr Zimmer gerne mit Kerzen aus, so erzählte sie es zumindest immer. Ich sah diese Kerzen auf jedem Regal und auf jeder Kommode stehen. Manche waren ausgebrannt, andere hingegen waren nahezu neu. Hinten rechts, unter der Schrägen des Dachs befand sich das Bett, daneben ein Nachttisch. Mir gegenüber befand sich eine Fensterbank, auf ihr lagen eine Kerze und einige Muscheln. In der hinteren, linken Ecke war ein einfacher Schreibtisch zu sehen auf dem sich nur Arbeitsmaterialien und unfertige Zeichnungen befanden. Direkt zu meiner linken war eine Kommode, in der sie wohl ihre Kleidung aufbewahrte. Oben drauf waren aber einige Bilder zu sehen. Ich ging darauf zu und ich konnte nahezu spüren wie mein Gesicht erbleichte. Ich sah die Kamera und die geschossenen Bilder, die sie von uns und ihren liebsten Orten machte. Ich nahm alle Bilder in meine Hand und setzte mich auf dem Boden, angelehnt an ihrem Bett. Ich sah mir jedes einzelne ganz genau an, denn jedes dieser Bilder zeigte uns beide an den schönsten Tagen. Wie als hätte man meine Erinnerungen eingerahmt sah ich mir sie mit größter Verwunderung an. Ich konnte ihr glückliches Lachen so deutlich sehen, dass ich es in meinem Kopf hallen hörte. Ich nahm eins von uns an mich, an dem Tag, an dem wir zum ersten Mal in unser Café gingen. Sie an meiner Seite und mit einem strahlenden Lächeln und ich mit einem albernen Schnurrbart aus Schaum vom Cappuccino schaue sie nur ganz perplex an. Ich öffnete mein Portmonee und legte es in ein durchsichtiges Fenster, bevor ich es wieder in meine Hosentasche steckte. Die restlichen legte ich wieder sorgfältig zurück. Nun ging ich rüber zum Schreibtisch und sah mir die Zeichnungen näher an. Sie zeichnete zwei Hände deren Zeigefinger sich nahezu berührten, doch schafften sie es nicht, denn es war nicht vervollständigt. Es herrschte eine trostlose Leere in dieser Lücke zwischen den beiden Fingern. Andere Zeichnungen waren Selbstporträts oder fiktive Landschaften. Ich wandte mich davon ab und ging nun zur Fensterbank rüber. Ich sah die Muschelschalen und nahm eine davon in meine Hand. Sie hatte viele Rillen und war ziemlich uneben. Ich drehte sie in meiner Hand umher und sah, dass auf der Innenseite etwas eingraviert wurde. Es war ein Schriftzug der die Worte „Memento Mori" offenbarte. Mein Atem wurde schwerer denn je und ich legte sie wieder zurück. Hierauf nahm ich eine andere, sehr glatte und helle in die Hand. Auch hier drehte ich sie routiniert in meiner Hand und wie bei der vorherigen befand sich ein Schriftzug auf der Innenseite eingraviert. Er besagte ebenfalls eine lateinische Redewendung mit den Worten „Carpe Diem". Mir wurde warm ums Herz und lächelnd legte ich diese Muschelschale zurück. Ich sah nach draußen und mir wurde klar, der Regen würde wohl nicht vergehen. Ich setzte mich wieder auf den Boden und lehnte meinen Rücken an den Rand des Bettes, wo ich den Abend und die restliche Nacht verbrachte. Ich wandte meinen Blick nicht mehr von dem einem Bild in meinem Portmonee. Ich saß hier, lauschte dem Regen und war mir nicht ganz im Klaren, ob das Plätschern vom Regen, der das Fenster traf oder von meinen fallenden Tränen ausging. Ich verweilte die gesamte Nacht im Sitzen und sah irgendwann zu der Kommode hin und sah nur, wie die Linse der Polaroidkamera auf mich gerichtet war.

Kapitel 3: Die bittere Nacht

Der Wald

Nachdem ich die nötigsten Einkäufe tätigte und mir eine recht magere Mahlzeit zubereitete, saß ich ein wenig auf dem Sofa in meinem Wohnzimmer und las eines der alten Bücher. Das Wetter war trotz der beißenden Kälte recht schön. Die Sonne war dabei unterzugehen und brach in das Zimmer durch zwei Fenster, die mit Gardinen bedeckt waren mit einem grellen Gelbton hinein und erleuchtete dennoch den gesamten Raum. Die Sonnenstrahlen schienen in kleinen Kegeln auf den morschen Holzboden und offenbarten die kleinen Staubkörner, die sich sanft von der angenehmen Wärme tragen ließen. Das Buch, welches ich auf meinem linken Knie abgesetzt hatte, um das stille Geschehen zu beobachten, schlug ich mit einem Mal zu und legte es behutsam auf den vor mir liegenden Glastisch. Ich erhob mich aus dem weichen Sofa, das mich nahezu verschlungen hatte und streckte mich für einen Moment. Einige tiefe Atemzüge später fasste ich den Gedanken wieder einmal spazieren zu gehen. Als ich in den Flur ging, schien dieselbe Sonne durch ein Fenster oberhalb des Türrahmens direkt in mein Gesicht und streichelte es mit ihrem warmen Handrücken. Ich ging wie üblich zum Kleiderhaken und zu meinem Schuhschrank, wiederholte die gewohnte Routine und öffnete die Tür, nachdem ich fertig angezogen war. Wie ich es schon erwartet hatte, war es mittlerweile deutlich kälter geworden. Doch auf eine seltsame Art und Weise kümmerte es mich recht wenig und ich ging los. Mit einem klaren Ziel vor meinen Augen öffnete ich in gedanklicher Abwesenheit das kleine Tor in meinem Vorgarten. Wie gewohnt schloss ich es hinter mir, doch ignorierte ich das schrille Quietschen und bog wie damals nach links ab. Die Sonne rechts von mir und der lange Pfad vor mir, dieses Bild behielt ich einige Zeit vor meinen Augen. Da ich recht langsam ging, dauerte es auch einige Minuten bis ich rechts die Straße überquerte und den kleinen Pfad, der zu der großen Wiese führte erreichte. Die Sonne nahm mittlerweile eine orange-rote Farbe an und spendete mir ein letztes Lächeln. Ich lauschte in die leere Ferne und hörte das stumme Flattern der Schmetterlinge, die damals meinen Weg kreuzten. Derweil folgte ich dem Pfad, der um die Wiese herumführte und begann meine Runde gegen den Uhrzeigersinn. Ich ging und dachte über so vieles nach. Ich sah vor meinem geistigen Auge wie, sie damals in der Ferne auf mich wartete. Seelenruhig stand sie da, bis der Wind das vor mir liegende Laub aufwirbelte und mir die Sicht versperrte. Ich dachte darüber nach, wie es sein konnte, dass ich mich so verbunden zu der Natur fühlte. War es vielleicht deswegen, weil ich sie an jenem Tage hier traf? War es vielleicht deswegen, weil wir viel Zeit in der Natur miteinander verbrachten? Oder war es doch etwas, das viel tiefer in mir ruhte und bei mir für Unruhen sorgte? Ich dachte über so vieles nach, während ich dem Pfad folgte, meine Hände in meinen Taschen vergrub und ich spürte, wie sich meine Blicke niemals vom Boden zu trennen wagten. Ich blieb wie eingefroren stehen und sah nach rechts. Wie als hätte er sich magisch für mich geöffnet, sah ich den Pfad, der tief in den Wald führte. Es war der Pfad gewesen, der mich einst zu ihr führte. Mein Herz lebte in Gedanken an sie für einen kurzen Moment auf und kaum hatte ich es bemerkt, war ich schon in den Wald gezogen worden. Meine Beine führten mich instinktiv durch den Wald und ich folgte meinen im Boden eingebrannten Fußspuren. Ich lauschte wie damals in das Innenleben des Waldes hinein und hörte keinen Gesang der Vögel zwischen den Bäumen hallen, kein Rascheln der Blätter hoch oben auf den Kronen der hölzernen Giganten, nur das kratzende Geräusch meiner Schuhsohlen auf dem Schotter des Pfads. Ich schwelgte schon einige Zeit in Gedanken und Erinnerungen bis ich dann, als ich mich wiederfand, inmitten des Waldes nahezu panisch umsah. Die Dämmerung war schon längst fort und die Nacht brach langsam über den Wald hinein. Wie ein tiefschwarzer Schleier zog sie sich über den Boden zwischen den Bäumen hindurch. Ich überlegte einige Zeit und blieb währenddessen stehen, denn ohne jegliche Orientierung hatte ich Angst, ich würde mich noch mehr verlaufen als ohnehin schon. Meine Augen gewöhnten sich ein wenig an die Dunkelheit und ich konnte nach nur einigen Minuten Umrisse etwas deutlicher erkennen. Ich drehte mich um und sah zwischen einigen Bäumen ein blau-weißes Licht. Ich konzentrierte mich darauf zu erkennen, was es war und tatsächlich konnte ich einen Wolf erkennen. Er stand mit geneigtem Kopf wie angewurzelt da und sah hinab zum Boden. Sein graues Fell leuchtete schimmernd und ließ winzige Partikel hinaufsteigen. Ich ging einige Schritte vom Pfad ab, hinein in den Wald um ihn mir näher anzusehen. Recht schnell sah ich, wie vor dem leuchtenden Wolf ein weiterer auf dem Boden lag. Er bewegte sich kein bisschen, demnach dauerte es nicht lange, bis ich verstand, dass er wohl gestorben war und der leuchtende Wolf um ihn trauerte. Ich lauschte ein weiteres Mal und hörte ein nur sehr leises Wimmern, das er aus sich heraus quälte. Ein weiteres Mal lauschte ich genau hin und ein lautes Klagen schallte durch den gesamten Wald – Ich werde mich wohl nie an den klagenden Ruf der Nachtigall gewöhnen –. Auch der Wolf bemerkte den lauten Gesang des Vogels und sah wieder auf. Dabei sah er mich direkt an und starrte mir mit seinen tiefblauen Augen ins Gesicht. Er nahm seine stolze Haltung wieder an und stolzierte mit gehobenem Haupt auf mich zu. Wie erstarrt blieb ich stehen. Ich verspürte keine Angst, es war vielmehr eine Art der Bewunderung. Das Leuchten des Wolfs wurde immer greller, je näher er mir kam bis er vor mir stand und ich mir die Hände schützend vors Gesicht hielt. Weil meine Augen sich mittlerweile an die Dunkelheit gewöhnt hatten, schien das Licht, welches von ihm ausging umso heller. Als meine Augen nicht mehr schmerzten, sah ich den Wolf direkt an. Sein Atem war schwer und er neigte kurz seinen Kopf. Er tat es, als würde er mich grüßen wollen, also tat ich es ihm gleich. Ich fühlte mich für einen Moment so, als wüsste der Wolf, was ich erlebt hatte und als würde er nun verstehen, welches Leid wir beide miteinander zu teilen versuchten. Wir sahen uns wieder an und ich streckte vorsichtig meine Hand aus. Seine Augen blieben auf meiner Brust fixiert und ich spürte, wie ein kalter Kegel auf mein Herz traf. Es war nicht unangenehm, es war eher ungewohnt, also ließ ich es zu. Ich streckte meine Hand weiter in Richtung seines Kopfs und als ich nah genug war, blieb meine Hand vor seinen Augen stehen. Ich wartete für einen Moment, doch bevor ich meine Hand weiterbewegen konnte, neigte der Wolf seinen Kopf erneut und drückte ihn in meine Handfläche. Ich spürte dieselbe ungewohnte Kälte auf meiner Handfläche und doch fürchtete ich ihn kein Bisschen. Ich streichelte ihn ein wenig und er wackelte seinen Kopf zeitgleich mit meiner Hand. Ich lächelte für einen Moment, denn die leuchtenden Partikel wurden dadurch in alle Richtungen gewirbelt und erfüllten die Luft mit einem blau-weißen Leuchten. Ich sah, wie alle Bäume um mich herum das Licht aufnahmen. Auch die Nachtigall verstummte für einen Moment, um dieses Spektakel zu bewundern. Das Licht verbreitete sich über denselben Boden, der zuvor von der Dunkelheit verschlungen wurde. Nachdem ich aufhörte ihn zu streicheln, verdunkelte sich der Wald erneut und er sah mich wieder an und ging an mir vorbei zurück zum Pfad. Ich folgte ihm, während er mittlerweile auf mich wartete. Er führte mich über den Pfad und ich vertraute ihm auf eine seltsame Art und Weise blind. Ich beobachtete ihn erneut und sah, wie seine Pfoten in meine Fußspuren traten und sie zum Leuchten brachten. Doch auch sah ich, dass wir in dieselbe Richtung gingen, die ich auch damals ging, bevor ich sie das erste Mal traf. Für einen Moment schien ich alles vergessen zu haben. Alles war wie in einem Traum und doch verspürte ich alles, wie es als wäre es tatsächlich wahr. Wir kamen nach einiger Zeit an zurück an die Gabelung, die aus dem Wald führte. Er blieb vor mir stehen und drehte sich zu mir. Wir sahen uns beide wieder für einige Zeit an, bevor er wieder auf mich zukam und ich ihn ein weiteres Mal streichelte. Dieses Mal schien alles so normal, wie es sonst auch immer war. Nur nach wenigen Sekunden trennte sich meine Hand von seinem Kopf und er sah an mir vorbei zurück in den Wald. Sein Blick fokussierte sich sehr lange auf die Dunkelheit. Ich verstand sofort und machte ihm den Weg frei. Er kehrte jedoch nicht durch meinen Weg zurück in den Wald, sondern nahm den Zweig der Gabelung, an dem sie damals stand. Mein Blick folgte ihm für einige Zeit und auch dabei sah ich, wie in ihre Fußspuren trat und auch diese zum Leuchten brachte. Ich sah sie zum ersten Mal und bemerkte, dass auch ihre Spuren in den Boden eingebrannt waren, anders als bei meinen, waren sie mit Asche bestäubt. Und doch brachte er sie in demselben blau-weißen Ton zum Leuchten. Mein Blick folgte ihm solange, bis sein Körper in die Dunkelheit tauchte und nur noch seine leuchtenden Pfoten zu sehen waren, bis sie so winzig wurden, dass man sie kaum noch erkennen konnte. Ich kehrte auch dem Wald den Rücken und vergrub meine Hände wie zuvor in meine Taschen. Ich trat den Weg durch die Nacht, unter dem Lichte tausender Sterne an und ging nach Hause. Auf dem Weg dachte ich erneut über den Staub, der durch das Zimmer flog und dann über die winzigen Partikel, die vom Wolf ausgingen nach und fing wieder an zu lächeln.

Die Weide

Ich frage mich, ob sie sich wohl noch immer an jenen Tag erinnert? Der Frühling endete schon fast und alles blühte in den schönsten Farben. Ich wachte nach dem erholsamsten Schlaf meines Lebens an diesem Morgen auf und hatte ihr Gesicht vor meinem geistigen Auge. Ich richtete mich in meinen Gedanken versunken auf und dachte wie jeden Morgen über sie nach. Mit einem strahlenden Lächeln stand ich auf, ließ die Sonne durch das schlagartige Wegziehen der Gardinen herein, begab mich in mein Badezimmer und wusch mich. Ich ging hinunter und begrüßte meine Eltern, bevor ich mich zu ihnen an den Tisch setzte. Wir aßen zusammen und es gab reichlich Früchte, **Pfannekuchen** und frisches Brot mit verschiedenen Aufstrichen. Wir unterhielten uns über die verschiedensten Sachen und lachten auch einige Male. Allerdings musste ich mich etwas früher vom Esstisch erheben und mich beeilen. Im Hinterkopf hatte ich sämtliche Vorstellungen vom heutigen Tag und ich flog nahezu die robusten Stufen wieder hinauf bis zum frisch tapezierten Flur. Ich lief auf meine Tür zu und sie sprang schon fast alleine auf, noch bevor ich sie erreichte. Ich ging in einem schnellen Schritt um mein Bett herum zu meinem Schrank und öffnete ihn. Es war mittlerweile angenehm warm, ein einfaches Shirt müsste also reichen. Eine vom Vorabend gebügelte Hose lag schon auf einem kleinen Stuhl, direkt unter der Fensterbank. Nebenbei öffnete ich mein Fenster und ließ die schönsten Worte der Vögel und die warmen Blicke der Sonne hinein. Ich zog mein Shirt und meine Hose an. Dazu noch ein Paar Socken und ich lief hierauf geradewegs ins Bad, um mein Gesicht noch einmal zu waschen. Ich trug ein neues Parfum auf, ich wusste nur nicht ganz, ob sie es wohl mögen würde. Ich drehte mich um und machte einen Satz zur Tür, griff mit meiner rechten Hand den Türrahmen und nahm eine enge Kurve wieder in den Flur. Mit schnellen Schritten lief ich die Treppen hinunter, rief meinen Eltern zu, ich würde rausgehen und zog mir meine Sneakers an. Ich dachte beim Herausgehen an die Worte, die sie mir heute sagen würde und an all die Blicke, die sie mir heute zuwerfen würde. Nach wie vor lachte die Sonne über mir am Zenit und sah auf diese wundervolle Stadt nieder. Ein weiteres, von so vielen Malen öffnete ich das Tor mit Leichtigkeit und bog erneut rechts ab. Ich ging wie immer an den etlichen Läden vorbei und grüßte jeden, der mich ansah und sofort lächeln musste, weil ich es wohl durchgehend tat. Einige Autos fuhren an mir vorbei und die Stadt wirkte gerade an diesem Tag ungewöhnlich belebt. Wie immer folgte ich dem Bürgersteig auf der rechten Seite, bis ich die Spitze des Hügels erreichte. Und wie immer war sie schon da, am Fuße des Hügels und wartete auf mich. Wieso dachte ich immer dann, wenn ich sie sah, dass mein Lächeln ungefähr doppelt so groß war, wie ihres? Wieso dachte ich immer wieder, wenn wir uns am Tage sahen, die Sonne würde einen Schleier von sich werfen und heller denn je strahlen? Jedenfalls, sah ich, sie hatte einen kleinen Beutel unter ihrem rechten Arm geklemmt. Ich ging zu ihr hinunter und wir begrüßten uns wie gewohnt und wir widmeten uns hierauf unserem Plan. Wir folgten der Landstraße und gingen abseits der Stadt zu einer kleinen Raststätte in ein Bistro. Währenddessen unterhielten wir uns und lachten über die unlustigsten Dinge. Unter dem schützenden Schirm den die Sonne uns schenkte erreichten wir nach nur wenigen Minuten das Bistro, in dem wir einige Zeit saßen, bevor wir eine Kleinigkeit zu Essen bestellten. Wir brachten uns gegenseitig zum Lachen und schossen die lächerlichsten Fotos von uns. Wir saßen bis zum Nachmittag in dem Lokal, bis wir uns wieder auf dem Weg machten. Ich sah auf halbem Wege wieder zurück und bemerkte, wie sich die Sonne ermüdet langsam bereit machte, sich von uns für einen weiteren Tag zu verabschieden. Ich hatte ein leichtes Lächeln auf den Lippen, als ich über meine Schulter zurücksah. Wir gingen den Hügel hinauf und durchquerten die Stadt. Einige Ladenbesitzer waren draußen um ihre ausgestellten Artikel einzuräumen und sahen uns dabei, als wir an ihnen vorbeigingen. Einige sprachen kurz mit uns, andere lächelten aus ihren Herzen heraus und strahlten wie kleine Sterne in einer wolkenlosen Nacht. Ich weiß noch, ich wollte ihr an jenem Tage einen der schönsten Orte in der gesamten Region zeigen und ich war mir fast schon sicher, es würde ihr gefallen. Ich fing an, es ihr eine Nacht zuvor zu erzählen und sie dachte meine Idee weiter und schlug vor, wir sollten den Sonnenuntergang dort genießen. Außerdem bat sie mir an, eine Decke mitzunehmen. Wir gingen an meinem zu Hause vorbei und folgten der langen Straße, durch die mittlerweile sämtliche Arten von Vögeln umherflogen und zu ihren Nestern zurückkehrten. Der Gesang tausender Vögel wohnte in den Baumkronen und erstreckte sich durch die gesamte Straße. Ich beruhigte sie immer und immer wieder, dass wir doch gleich da sein würden. Und tatsächlich waren wir nach nur wenigen Minuten später angekommen. Wir folgten einem kleinen Feldweg nach links und gingen auf ein Stück der Wiese. Dort befand sich ein Apfelbaum, der an einem Abhang eines Hügels stand und genug Platz spendete, um sich dort gut hinzusetzen. Ich zog ihre Decke heraus und ließ sie hinter mir warten, bis ich sie dann darum bat zu mir zu kommen. Ich legte die Decke vorher auf einen Zwischenraum der offengelegten Wurzeln des Baums, sodass wir uns recht gemütlich am Baum angelehnt hinsetzen konnten. Der Baum war nicht allzu groß. Ein Ast auf seiner - von mir ausgesehen - Rückseite hing ein kleiner Ast, der einen für ihn zu schweren Apfel festhielt. Sie kam auf mich zu und ich sagte ihr schützend: „Hab bitte keine Angst, vertrau mir, es wird dir nichts passieren." Ich reichte ihr meine Hand und zog sie langsam zu dem Abhang des Hügels an den Baum. Ich stellte mich mit dem Rücken an den Abhang, sodass sie sich geradewegs an mir vorbei an den Baum setzen konnte. Ich ging schnell auf die Rückseite und löste die schwere Last von dem leidenden Ast und gab ihr den Scharlachroten Apfel. Ich reichte ihr ihn, doch sie war versunken in ihrer eigenen Welt. Ich beobachtete ihre glänzenden Augen und sah, wie ihr einige Tränen übers Gesicht liefen. Ich folgte ihrem Blick und sah die sattgrüne Weide, wie sie sich vor uns beiden wie ein ewig großer Teppich ausbreitete und wie links in der Ferne ein kleiner, roter Wagen in Richtung Mühle fuhr. Weiter rechts war ein dunkler Tannenwald zu sehen, an dessen Rand ein Rudel hellgrauer Wölfe zu sehen war, die allerdings schnell wieder in den Wald zurückkehrten. Die müde Sonne schloss schon langsam ihre Augen und auch ihr Schein wurde schwächer. Aus einem grellen Licht wurde ein orange-rotfarbener Schein, der der Wiese und allem anderen, was zu sehen war, eine fast schon magische Ausstrahlung verlieh. Ich setzte mich links von ihr hin und sprach sie erneut an. Sie sah mich mit denselben nussbraunen Augen an und ich wischte ihr mit meiner freien Hand die Tränen aus dem Gesicht und sie fing hierauf wieder an zu kichern. Ich fragte dich lachend: „Ist es so schlimm hier zu sein?" Sie verstummte und sah mich wieder mit einem fast schon strengen Blick an und antwortete mir: „Ich könnte mir gerade nichts Schöneres vorstellen." Ich nahm sie in den Arm und gab dir den Apfel. Während sie den Apfel langsam aß und vor sich hindachte, genoss sie den Anblick der vor uns liegenden Hügellandschaft. Wir redeten nicht allzu viel, stattdessen sangen unsere Herzen in einem einheitlichen Duett die Sonne in den Schlaf, bis sie denn gänzlich verschwand. Die angenehm kühle Nacht grüßte uns beide herzlichst und wir empfingen sie ebenfalls mit größter Freude. Irgendwann sagte ich zu ihr, sie solle hinaufschauen. Sie sah zu Himmel hinauf und über uns wurde mal wieder ein schwarzer Schleier ausgebreitet. Und dennoch saßen wir hier, unter dem Lichte tausender und abertausender blinzelnder Sterne. Die Mühle rührte sich nicht mehr und nichts als ein Zirpen vieler Grillen im Gras hallte über die riesige Fläche. Ein kalter Wind schneidet von links meine Wange und ich spüre, ein sich ein kalter Boden unter mir ausbreitet. Ich sah nach rechts und es war nichts zu sehen als nasser Laub und die mittlerweile schwarz durch die Nacht gewordene Wurzeln des Baumes. Ich sah dem Himmel entgegen und der Himmel war gänzlich bedeckt von Wolken. Kein einziger der tausenden Sterne traute sich mich zu grüßen. Ich saß hier allein und realisierte, wie sehr sie mir doch hier an meiner Seite fehlte. Sie war der Grund, weshalb ich hier an diesem kahl gewordenen Baum saß und darauf hoffte, ich könnte eines Tages wieder mit Freuden hier sitzen und den Ausblick auf die Weide genießen, auch wenn es wohl auf ewig ohne sie sein musste.

Der Besuch

Nun, mein letzter Tag in dieser elenden Stadt war angebrochen. Die bitterkalte Sonne ließ mich aus dem Schlaf erwachen. Ich dachte mir am vergangenen Abend nicht allzu viel dabei, vermutlich wollte ich wohl ihren Schein ein letztes Mal so spüren, wie ich es damals im Sommer tat. Doch um ganz ehrlich zu sein, es war alles andere als angenehm. Ich verspürte eher einen Schmerz, tief im Inneren meiner Brust. Die Kälte war gerade dabei mich zu übermannen, doch ich war schon längst aufgestanden und ging auf das Fenster zu. Ich ging lange nicht mehr raus, um zu spazieren, nur wenn es denn wirklich sein musste. Ich sah hinaus und ich erinnerte mich an jenen Herbsttag, an dem ich auch hier aus dem Fenster sah. Ich schaute dem Himmel entgegen, dann auf das Ackerfeld und hierauf die Straße entlang. Ich erinnere mich auch an unsere erste Begegnung. Ich sah dich in einem wunderschönen roten Mantel, wie du an meiner Haustür vorbeigingst im Lichte derselben kalten Sonne, bis einige Bäume meine Sicht versperrten. Ich drehte meinen Kopf krampfhaft nach links und wandte meinen Blick dem alten Schrank zu. Ich sah ihn lange an, bevor ich auf ihn zuging und ihn öffnete. Ich nahm einen dunkelgrünen Beutel mit einer braunen Lederschnur zum Schließen heraus und legte ihn auf mein Bett. Ich nahm eine graue Strickjacke, etwas Unterwäsche und zwei Hosen heraus. Nichts sonderbar Wichtiges, nur das nötigste. Ich räumte alles in den Beutel recht sorgfältig ein und schloss ihn mit der Schnur. Hierauf begab ich mich taumelnd in das Badezimmer und wusch wie immer mein Gesicht. Ich sah mich auch heute sehr lange im Spiegel an und versuchte zu erkennen, wer ich eigentlich war. Ich sah mich an und mein innerstes kehrte sich beinahe nach außen, denn ich erkannte mich kaum wieder. Es ist mir unbegreiflich, was diese Stadt, dieses Haus, dieser gewaltige Verlust mit mir angerichtet haben. Ich sehe Augenringe, die sich wie Täler durch mein Gesicht ziehen, fast so wie als wären sie zu Narben geworden. Mein langer Blickkontakt wird durch die an meinem Gesicht herunterfließenden Wassertropfen gestört. Ich folge ihnen mit aufgerissenen Augen, wie als wäre ich dem Wahnsinn verfallen. Ich schüttle meinen Kopf für einen Moment und lenke meine Aufmerksamkeit auf das kleine Regal unter dem Spiegel. Mein Blick schweift von links nach rechts und bleibt ziemlich genau in der

Mitte abrupt stehen. Ich erblickte das Parfum, welches sie doch so sehr liebte. Ich sah es, nahm es hierauf an mich und drehte es einige Male in meiner Hand. Meine Gedanken kreisten in meinem Kopf umher, bis ich den Entschluss fasste, es aufzutragen. Allerdings wollte ich es dort nicht liegen lassen, also nahm ich es mit und packte es nachträglich ein. Ich schulterte den Beutel auf meiner rechten Schulter und ging in Richtung Tür. Ich sah ein letztes Mal zurück und beobachtete, wie sich eine stumme Nachtigall auf einem fast schon abgestorbenen Ast des kahlen Baums, den man aus meinem Fenster sehen konnte niederließ. Der durch den Winter leidende Baum kratzte noch einmal zum Abschied jämmerlich an der Hauswand und ich schenkte ihm keinerlei Beachtung. Der dunkle Flur, in dem ein leises Heulen des Windes zu hören war, erstreckte sich vor mir, als ich die Tür öffnete. Auch ihn ignorierte ich, denn das, was in meinem Kopf vorging, war etwas, worüber ich mir die letzten Monate Gedanken machte. Es war von solch einer enormen Bedeutung, dass alles andere scheinbar unwichtig schien. Auch die Treppen schrien schrill mit jedem Schritt, den ich auf ihnen wagte. Schon beim Heruntergehen sah ich die Sonne durch das Fenster über der Tür scheinen. Mir kam es eher so vor, als würde sie mir aus letzter Kraft einen leichten Hauch von Wärme schenken wollen, nur um mich bei sich zu behalten. Ich erstickte auch sie mit meiner Ignoranz, während ich unten nach einigen Sachen suchte, die ich letztlich vielleicht doch noch für wichtig hielt. Nach nur wenigen Minuten zog ich mir einen Schal, sowie eine dicke Jacke und feste Schuhe an. Mir fiel ein, ich hätte noch einige Lebensmittel einpacken müssen, stattdessen nahm ich mein erspartes Geld mit und ging auf die Tür zu. Ich spürte, wie das Haus fast schon zusammenfiel, je näher ich der Tür kam. Doch wusste ich, es würde niemals zusammenfallen, solange ich noch hier bin. Und tatsächlich, es zerfiel nicht, als ich hinausging. Eine bittere Kälte und beißende Winde empfingen und grüßten mich mit all ihrer Großzügigkeit. Ich ging durch den mittlerweile fast vollständig abgestorbenen Vorgarten, nachdem ich die Tür hinter mir abschloss. Auch das heulende Tor klagte heute aus Scham eher leise und doch kümmerte es mich kaum. Ich ließ es offen und sah vor dem Acker stehend meine Schlüssel in meiner Hand an. Mit festem Griff holte ich aus und warf sie fast in die Mitte des Ackerfeldes. Ich drehte mich nach rechts und ging los. Wie immer, dem Hügel hinauf, vorbei an allen kleinen Läden und Häusern. Einige, die mich kannten waren heute ebenfalls draußen. Ich weiß nicht recht, ob sie den Winter begrüßen oder sich von mir verabschieden wollten. Allerdings sahen sie mich fast schon schockiert an und doch beachtete ich ihre Blicke kaum. Und dennoch war etwas anders, trotz der Kälte, trotz des Abschiedes und trotz der mich schneidenden Blicke sah ich nicht zum Boden. Ganz im Gegenteil, ich wagte es nicht einmal dem Boden ein letztes Mal entgegenzublicken. Fast schon benebelt ging ich den Bürgersteig entlang und konnte nicht einmal die Gesichter um mich herum erkennen. Mein Blick wandte sich an einer Stelle nach links über die Straße und ich sah die Praxis des Doktors. In mir drohten all jene Dinge, die mein innerstes zusammenhielten, auseinandergerissen zu werden. Ich sah sie mit hasserfülltem Blick an und bemerkte, wie das brausende und tosende Meer aus Wut plötzlich ruhiger in mir wurde. Ich verdrehte leicht den Kopf und meine Gesichtszüge wurden allmählich sanfter, bis ich mich wieder darauf konzentrierte weiterzugehen. Mit einem Mal zieht sich eine Pechschwarze Wand vor meine Augen und ich finde mich nach Bruchteilen einer Sekunde vor ihrer Haustür wieder. Ich sah die weiße

Hauswand, den schon lange nicht mehr gepflegten Vorgarten und den Zaun an. Ich sah nach oben zu ihrem Fenster hinauf und mein Herz verdrehte sich in meiner Brust, als ich an sie dachte. Es war ein stechender Schmerz, dennoch sah ich nicht weg, sondern genoss den Anblick. Ich dachte an all die Male, an denen ich sie sah, ich dachte an all die Male, an denen sie strahlend durch die Haustür kam und mich mit ihrem Lächeln begrüßte, während ich merkte wie alles voller Leben und Freude um mich herum erblühte. Ich stand für einige Zeit da, bis ich mich dazu entschied mich mit einem schmerzenden Abschied wegzudrehen. Ich drehte zuerst meinen Kopf und sah im Augenwinkel, wie eine Nachtigall an mir vorbeiflog. Mit meiner Drehung nach rechts schloss ich meine Augen für diesen einen Moment und als ich sie wieder öffnete, fand ich mich vor dem Café wieder. Wie sehr ich es doch liebte, mit ihr hierherzukommen. Ich griff nach der Tür und versuchte sie zu öffnen, bis ich das Schild an der großen Glasscheibe sah. Es stand drauf, dass es von nun an geschlossen sei. Ich lachte kurz und sah für einen Moment hinein, bevor ich mich wieder auf dem Weg machte. Ich erreichte eine Ecke und bog nach links ab. Erneut reichte ein einfaches Blinzeln und ich sah, wie der Asphalt zu einem beigen Schotter wurde. Ich sah schockiert auf und blieb plötzlich stehen. Ich war an der Gabelung angekommen aus der ich damals herauskam und dich das erste Mal sah. Ich sah zu dem Ausgang herüber, aus dem sie herauskam und es kam mir so vor, als hätten wir wieder Sommer. Ich spürte, wie mein Gesicht warm wurde, es war nicht die Sonne. Vielmehr war sie es oder eher die Erinnerung an sie. Ich kehrte auch der Gabelung den Rücken und begab mich zum Ausgang. Ein Heulen und ein klagender Gesang hallten aus dem Wald und ich lächelte nur stumm mit meinem Kopf leicht zu dem Wald gedreht. Ich kam bei dem Ausgang an und ging weiter nach rechts die nie endende Straße entlang. Die Bäume, so träge und so schwarz wie an keinem anderen Tage zogen sich durch die gesamte Straße und jeder von ihnen sah mich gekränkt an. Ich überquerte die Straße und bog auf einem kleinen Feldweg ab und sah den kahlen und traurigen Apfelbaum den Abhang hinabschauen. Ich ging zu ihm herüber und lehnte mich tröstend mit meiner linken Schulter an ihm an. Ich sah mir ganz ruhig und ohne jegliche Unruhen in mir die Weide an und sah auch heute das Auto auf die alte Mühle zufahren. Ich sah denselben dunklen Wald und wie sich der grüne Teppich zwischen mir und den zwei Orten ausgebreitet hatte. Eine leise wimmernde Nachmittagssonne schien in der Ferne und hinter mir versuchte die Nachtigall auf demselben dünnen Ast, an dem damals der viel zu schwere Apfel hing zu singen. Ein leises Piepsen quälte sie aus sich heraus, bis eine kalte Brise sie zum Verstummen brachte. Ich sah mir ein letztes Mal alles an, bevor ich mich auf dem Weg zur Straße machte. Die Sonne weinte mir hinterher und ich kehrte ihr den Rücken zu, bis ich sie nicht mehr hören konnte. Ich blieb einige Zeit am Ausgang stehen und machte mich nach einer gedankenlosen Pause wieder auf dem Weg. Meinen Beutel noch immer in festem Griff mittlerweile neben mir hängend bog ich nach links ab und ging die Straße erneut entlang. Nicht lange dauerte es, bis ich ein letztes Mal die Straße und erreichte den Eingang des Friedhofs. Ein heulender Wind suchte von außen gesehen den gesamten Friedhof heim. Ich ging einige schwere Schritte auf ihn zu und spürte eine durchsichtige Haut als ich meine Hand ausstreckte. Sie war mir schon aufgefallen als ich den Eingang erreichte. Als ich sie berührte, fühlte es sich genauso an, wie die Haut der Blase, die uns damals vor allen Blicken und schlechten Worten schützte. Ich drückte meine Hand fester gegen die Blase und ich spürte, wie der

Widerstand mit einem Mal nachließ. Sie war nicht geplatzt, die Blase ließ mich nur eintreten. Es fühlte sich recht komisch und dennoch so vertraut an. Ich war nun vollständig durch die Blase gegangen und ein wunderschöner, mit Blumen übersäter Friedhof offenbarte sich mir. Ich riss meine müden Augen auf und konnte nicht begreifen, was ich sah. Vögel, Bienen und Hummeln flogen überall umher und hielten die harmonische Natur aufrecht. Ich blieb für einige Zeit dort stehen und machte mich erst auf dem Weg, als ich begriff, dass dies die Realität war. Ich folgte dem Weg aus Schotter und musste aufgrund der sommerlichen Wärme und der grell strahlenden Sonne meine dicke Jacke und meinen Schal ausziehen und unter meinen Arm klemmen. Wie damals erreichte ich die alte Eiche. Nur war sie heute mit sattgrünen Blättern bedeckt und lächelte den Hügel hinauf, vermutlich tat sie es mir gleich, als ich mich an ihr anlehnte. Ich ging zu ihr hinauf und sah, wie auch heute die Nachtigall auf einem Grabstein direkt neben ihr auf mich wartete. Als ich ihr Grab erreichte, spürte ich die enorme Wärme, die von ihr ausging. Ich dachte kurz nach und verstand endlich. Ich weinte in unendlichen Tränen, die auf die Erde ihres Grabes fielen. Ich fiel auf meine Knie und legte meine Hände vor die Erde auf den Rasen um mich abzustützen. Mein Gesicht schaute direkt über dem Grab auf die Erde. Durch die Position tropften meine Tränen weiter über meine Nase auf eine Stelle der Erde. Sie versanken in die Erde und verdunkelten die Erde an diesem Fleck. Er wurde nach einiger Zeit immer größer und ich spürte, wie die Erde unter mir anfing zu zittern. Ich atmete sehr langsam und wischte mir die Tränen schnell mit meinem Ärmel vom Gesicht. Ein winziger Hügel bildete sich auf der Stelle, die durch meine Tränen feucht wurde und zwei kleine blaue Blumen wuchsen in einer enormen Geschwindigkeit aus der Erde hinaus. Es waren vielmehr zwei Zweige mit etlichen Blüten. Ich erkannte sie sofort, ironischerweise hieß sie „Vergissmeinnicht". Ich lachte erneut kurz und legte meine rechte Hand auf die Erde und sprach: „Hier bin ich. Vergebe mir mein teuerstes Gut, ich ließ dich doch so lange warten, nur weil ich mich vor deinem Anblick fürchtete. Nun ja, ich fürchtete mich wohl eher davor, was mit mir passieren würde. Doch ich sehe es nun ganz klar, ich sehe, was du mit einem Ort der Trauer getan hast. Du bist fort und dennoch ließest du dein Licht als Geschenk für mich hier. Ich sah es schon damals und auch heute sehe ich, du bringst Leben. Du vertreibst die dunkelsten Wolken und schenkst der Sonne über uns einen Grund zu lächeln. Du weißt vermutlich nicht, wie sehr ich dich misse, ich würde den höchsten Berg und das tiefste Tal der Welt durchqueren, wenn es dich zu mir zurückbringen würde. Ich habe über die Monate gelernt, dass ich es womöglich niemals über mich bringen werde, von diesem Schmerz wegzukommen. Ich glaube vielmehr, dass ich auch dir den Rücken kehren muss. Ich muss meine Gefühle für dich nicht verstecken, ich muss sie vergessen. Dein Tod brachte in mir ein niemals endender Zorn, der alles um mich herum zerstörte. Doch wenn ich all deine Blicke und Worte vergesse, werde ich wohl möglich endlich ruhen können. Glaube mir, du wirst weiterhin in mir leben, doch darf ich dich nie wieder ansehen. Es schmerzt mir sehr, diesen Schritt zu wagen. Doch kehrt in mir die Gewissheit ein und ich beginne zu verstehen, dass es augenscheinlich die einzige Lösung ist. Vergebe mir, aber ich muss dir dennoch eines sagen. Ich werde dich auf ewig lieben, vertraue mir, denn sei dir gewiss, du wirst auf ewig in den tiefsten Gefällen meines Herzens wohnen. Nur werde ich wohl nie wieder nach dir sehen können, es schmerzt mir einfach zu sehr und das wusstest du schon immer." Ich hörte schon längst auf zu weinen und stand nach diesen gesprochenen Worten auf. Ich holte mein Portmonee heraus, klappte es auf und zog das eine Bild von uns beiden hervor. Ich sah es mit einem leichten Lächeln auf den Lippen an und küsste es für einen Moment. Hierauf drückte ich fest an meine Brust und beugte mich über deinen Grabstein. Ich lehnte es auf der Graberde an deinen Grabstein und richtete mich wieder auf. Ich ging einige Schritte bergab und drehte mich ein letztes Mal zu ihr um. Lächelnd, mit Tränen in den Augen sagte ich zu ihr: „Schenke jedem dein Licht, lasse leben und genieße in aller Güte die Ruhe. Vielleicht wird uns das Schicksal ja doch noch irgendwann zusammenführen. Auf bald mein hellstes Licht!" Und mit diesen Worten entfernte ich mich von ihr und wagte es nicht eine einzige Träne zu vergießen. Die Nachtigall flog an mir in aller Pracht und singend vorbei bis sie sich auf einem Ast der gesunden Eiche niederließ und auch dort zu bleiben schien. Ich ließ sie zurück und ging mit meinem geschulterten Beutel, meinem Schal und meiner Jacke, die ich langsam wieder anzog, kurz bevor ich den Ausgang wieder erreichte zurück. Ich ging langsam wieder durch die Blase und der kalte Gruß des Winters empfing mich in all seiner Kraft. Ich bog sofort nach rechts ab und folgte der Straße ziellos raus aus der Stadt. Ich folgte der scheinbar endlosen Straße, bis die Bäume selbst sich fürchteten weiter hinauszuragen. Ich ging an den letzten Bäumen vorbei und spürte die letzte Wärme der Sonne zu meiner Linken und sah vor mir nur eine einfache Straße, die im Horizont vielleicht ihr Ende fand.